Hans-Jürgen Borchardt

Kurzfristig neue Kunden gewinnen

Aktiv, nicht passiv verkaufen

GRIN Verlag

Bibliografische Information der Deutschen Nationalbibliothek:

Die Deutsche Bibliothek verzeichnet diese Publikation in der Deutschen National-bibliografie; detaillierte bibliografische Daten sind im Internet über http://dnb.d-nb.de/ abrufbar.

Impressum:

Copyright © 2011 GRIN Verlag, Open Publishing GmbH
Druck und Bindung: Books on Demand GmbH, Norderstedt Germany
ISBN: 978-3-656-46878-3

Dieses Buch bei GRIN:

http://www.grin.com/de/e-book/171731/kurzfristig-neue-kunden-gewinnen

GRIN - Your knowledge has value

Der GRIN Verlag publiziert seit 1998 wissenschaftliche Arbeiten von Studenten, Hochschullehrern und anderen Akademikern als eBook und gedrucktes Buch. Die Verlagswebsite www.grin.com ist die ideale Plattform zur Veröffentlichung von Hausarbeiten, Abschlussarbeiten, wissenschaftlichen Aufsätzen, Dissertationen und Fachbüchern.

Besuchen Sie uns im Internet:

http://www.grin.com/

http://www.facebook.com/grincom

http://www.twitter.com/grin_com

Kurzfristig neue Kunden gewinnen

Das Finden und Gewinnen neuer Kunden ist eine Aufgabe, die jeden Unternehmer täglich neu fordert. Das gilt sowohl für Existenzgründer als auch für alt eingesessene Unternehmen. Da es keine Kunden auf Lebenszeit gibt, gibt es immer eine „natürliche" Fluktuation, die durch neue Kunden ausgeglichen werden muss. Diese Situation verschärft sich in Krisenzeiten, wenn die Nachfrage rückläufig ist und keine ausreichende Auslastung mehr gegeben ist.

Deshalb werden in diesem Beitrag die verschiedenen Möglichkeiten vorgestellt, die je nach Situation eingesetzt werden können. Vorab jedoch folgende Feststellungen:

A. *Spezielle Methoden oder Formen zur Gewinnung neuer Kunden in Krisenzeiten gibt es nicht.* Aber es gibt Möglichkeiten, die Nachfrage durch unterschiedliche Maßnahmen kurzfristig aktiv zu beeinflussen.

B. Die meisten Maßnahmen, die zur Gewinnung neuer Kunden eingesetzt werden, sind überwiegend passiv. Das eigene Angebot wird mittels der einzusetzenden Werbemittel und Werbeträger vorgestellt. Anschließend wird darauf gewartet, dass sich die möglichen Interessenten melden. Das aber ist kein aktives Verkaufen.

C. Das Verkaufen wird von nahezu allen Unternehmern nicht als Prozess gesehen. Dem eigentlichen Verkaufsakt gehen –je nach Produkt und Leistung- (viele) Vorleistungen voraus, die den eigentlichen Verkauf mehr oder weniger stark beeinflussen. Außerdem ist vielen Unternehmern nicht bewusst, dass bereits während des eigentlichen Verkaufs der Vorverkauf für den nächsten Auftrag beginnt.

1. Konventionelle Methoden

Klassische Maßnahmen zur Generierung von Nachfrage zielen immer auf Interessenten und Kunden, die einen akuten Bedarf befriedigen wollen. In der Praxis heißt das, dass sich Nachfrage und Angebot mehr oder weniger zeitgleich treffen müssen, um die Nachfrage auszulösen.

Anders dagegen ist die Situation, wenn via Werbung konkret Sonderleistungen zeitlich begrenzt angeboten werden, weil dann die Interessenten gewonnen werden können, die einen latenten Bedarf haben. Sie nutzen diese „einmalige" Gelegenheit, ihren Bedarf (vorzeitig) zu Sonderkonditionen zu decken. Gleichzeitig werden auch die „Schnäppchenjäger" angesprochen, die zwar keinen konkreten Bedarf haben, sich aber auf Grund der Sonderkonditionen zum Kauf verleiten lassen.

Dabei ist zu berücksichtigen, dass die Zeitspanne für das Angebot möglichst kurz gehalten werden muss, damit es attraktiv ist. Je länger die Gültigkeitsdauer, desto geringer ist der „Entscheidungsdruck", der mit dem Angebot ausgeübt wird.

Dass zeitlich befristete Sonderangebote erfolgversprechend sind, zeigt der permanente Einsatz bei Internetanbietern, Automobilherstellern,

Billiganbietern etc. Im Einzelnen sind, je nach Unternehmen, folgende Maßnahmen möglich:

1.1 Der zeitlich oder mengenmäßig begrenzte Rabatt

Egal, ob es sich um eine Dienstleistung oder eine (Soft-)Ware handelt, dieses Angebot kann sowohl generell als auch partiell, also nur für ausgewählte Produkte und Leistungen, ausgesprochen werden. Egal, ob „happy hour" oder „nur die ersten 100" oder „nur am ...", die Möglichkeiten, einen Rabatt zu geben, sind beinahe unbegrenzt.

Eine Alternative kann auch ein Preisnachlass sein, wenn der Auftraggeber auf einen festen Termin verzichtet. Der Anbieter hat dann den Vorteil, dass er die auszuführende Arbeit dann erledigt, wenn er nicht voll ausgelastet ist.

1.2 Die Mehrleistung

Die Mehrleistungen können sehr unterschiedlich sein. Egal, ob es sich um Vor-, Zusatz-, Probe-, Wartungs- oder Serviceleistungen handelt, die Möglichkeiten sind vielfältig. Bei der Entwicklung derartiger Angebote sollte darauf geachtet werden, dass der Nutzen für die Interessenten möglichst groß und der eigene Aufwand möglichst gering ist.

1.3 Zusätzliche Garantien

Jeder weiß, dass das Sicherheitsbedürfnis bei vielen Kunden sehr ausgeprägt ist. Fast jeder Auftraggeber hat schon mal schlechte Erfahrungen gemacht und ist deshalb geneigt, den Anbieter zu bevorzugen, der ihm die größtmögliche Sicherheit bietet. Da sich viele Garantien –oft ohne Mehraufwand- problemlos aus dem „Wie" der eigenen Arbeit ableiten lassen, bieten sich hier vielfältige Möglichkeiten.

1.4 Der kostenlose Check

Dieses Angebot ist in vielen Fällen besonders erfolgversprechend, weil man immer einen konkreten Bedarfsfall, einen Interessenten, kennen lernt. Und man erfährt im persönlichen Gespräch, welche Zielvorstellung er verfolgt und kann den Check mit einem entsprechend individualisierten Angebot abgeben.

1.5 Die kostenlose Probeleistung

Diese Maßnahme eignet sich besonders für Dienstleister, Berater und Trainer. Da einem derartigen Angebot immer ein persönliches Gespräch voraus geht, um die Aufgabenstellung und das Problem zu besprechen, hat der Anbieter bereits im Vorfeld die Möglichkeit, sich und seine Leistungen „zu verkaufen".

1.6 Der Subskriptionspreis

Der Subskriptionspreis ist eine gute und bekannte Methode Konkurrenten zu blockieren. Wenn man den Subskriptionspreis nicht 1:1 übernimmt, sondern diesen mit anderen Leistungen verbindet, entsteht ein Angebot, das für viele Interessenten verlockend ist. Egal, ob Handwerker oder Dienstleister, der Interessent leistet eine Anzahlung und erhält dafür zu einem späteren Zeitpunkt die vereinbarte Leistung zu Sonderkonditionen.

Diese sechs Möglichkeiten können weiter ausgebaut werden, wenn man die einzelnen Angebote miteinander kombiniert.

2. Weitere Methoden

Das schnellste Transport- und Informationsmittel für Werbung, Verkauf und Angebote ist das Internet. Da sich in der Vergangenheit relativ viele Unternehmen (www.MyHammer.de; etc.) darauf konzentriert haben, Auftraggeber aller Art und Größenordnung mit ihren Anfragen im Internet vorzustellen, können Anbieter ihr Angebot direkt via Internet abgeben. Das Internet ist somit in idealer Weise geeignet, Auftraggeber und Auftragnehmer kurzfristig zusammen zuführen. Hinzu kommt, dass man kaum Vorkenntnisse benötigt, um auf diesem Weg Aufträge zu gewinnen.

Die erste Empfehlung konzentriert sich auf Anbieter, die konkret Aufträge anbieten. Die zweite und dritte Empfehlung zeigt, wie Firmen- und Privatadressen gewonnen werden können.

Anbieter, die nur klassische Werbung in ihre Portale bzw. Seiten aufnehmen, sind nicht aufgeführt. Ebenso wurde darauf verzichtet, Anbieter, die kostenlos PR-Beiträge einstellen, aufzuführen. Auch die Möglichkeiten, die sich über die verschiedenen Networks bieten, sind nicht dargestellt, weil diese Formen im Normalfall nicht zu kurzfristigen Angeboten/Aufträgen führen.

Sinnvoll ist es –sofern nicht schon bekannt- sich die einzelnen Möglichkeiten anzuschauen und dann zu entscheiden, welche für den eigenen Betrieb am besten geeignet sind. Dabei sollten auch unbedingt die Konditionen der einzelnen Anbieter verglichen werden, weil diese sehr unterschiedlich sind. Dabei muss man sich entscheiden, ob man einen Abonnementen-Dienst oder eine Einzelabrechnung bevorzugt.

Anmerkung: Die Reihenfolge der aufgeführten Möglichkeiten ist willkürlich. Sie stellt keine Gewichtung, Wertigkeit oder qualitative Rangfolge dar.

2.1 Wenn z. B. in eine Suchmaschine www.aufträge.de eingegeben wird, findet man eine Fülle von unterschiedlichen Anbietern, die sowohl national als auch regional Aufträge aus allen Bereichen und in allen Größenordnungen anbieten. Hier kann jeder Unternehmer sowohl seine Region/Stadt als auch seine Branche bzw. sein Gewerk aufrufen. Er sieht dann mit einem Blick, welche Aufträge in seiner Region zu vergeben sind.

Da die Bedienerführung für die Nutzung dieser Leistung sehr verständlich ist, Ist dieses Angebot auch sehr gut von „Einsteigern" zu nutzen.

2.2 Eine gute Möglichkeit, Adressen zielgruppenorientiert einschließlich der Personendaten zu gewinnen, ist www.gelbeseiten.de aufzurufen.

Dort können viele Adress- Berufsgruppen sogar nach Stadtteilen aufgerufen werden.

2.3 Wer im B2B Bereich tätig ist, hat zusätzlich die Möglichkeit, das Angebot von www.wer-liefert-was.de zu nutzen. Dort findet man Firmen- und Personenadressen nach Branchen geordnet aus ganz Europa.

Hans-Jürgen Borchardt
Mai 2011